You need

For example:

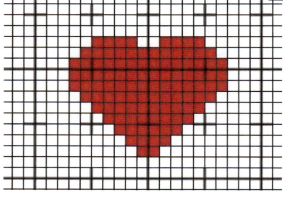

1

2

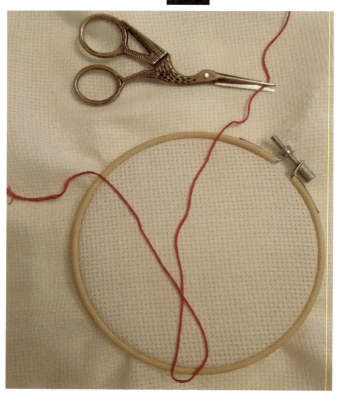

3

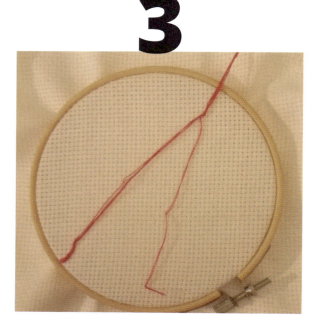

4

5

6

7

4

5

6

7

DMC 608 [1786]
DMC 954 [208]

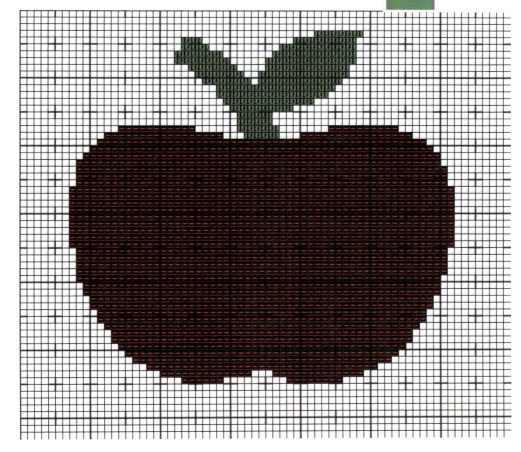

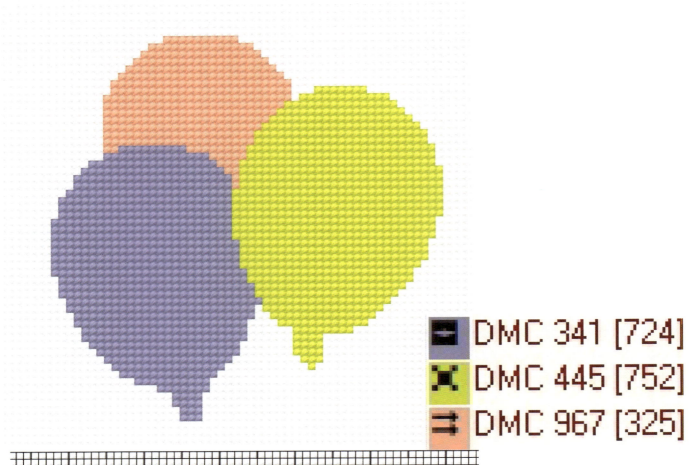

DMC 341 [724]
DMC 445 [752]
DMC 967 [325]

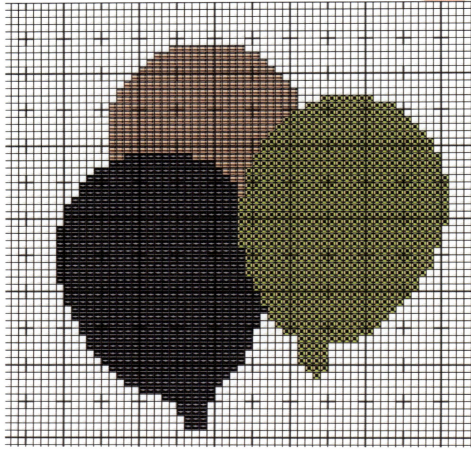

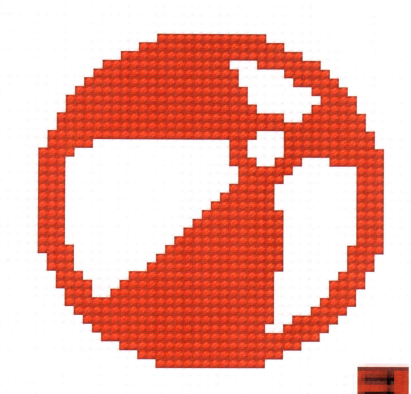

DMC 608 [766]

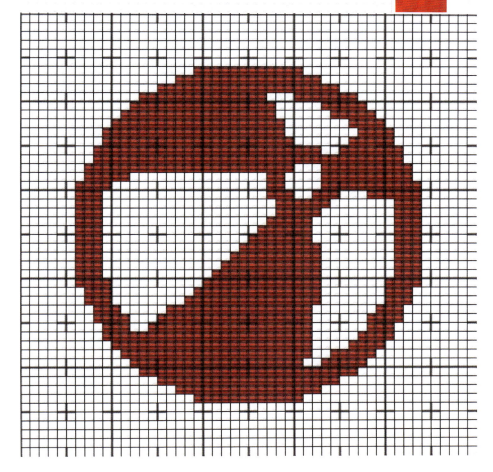

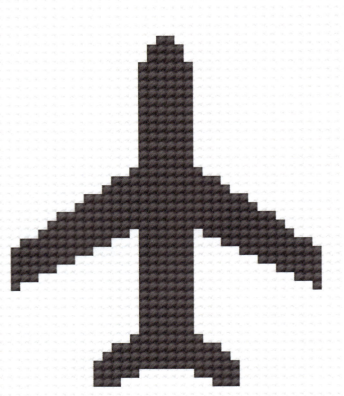

DMC 317 [432]

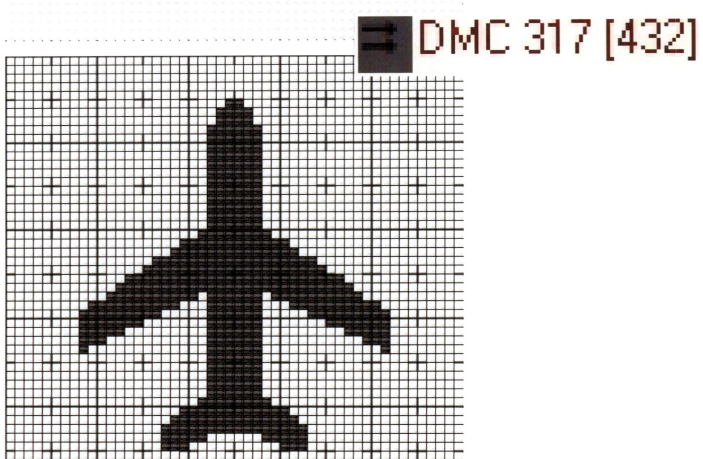

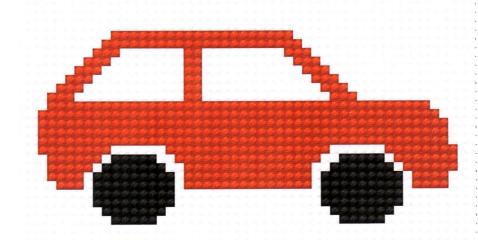

DMC 608 [442]
DMC 310 [120]

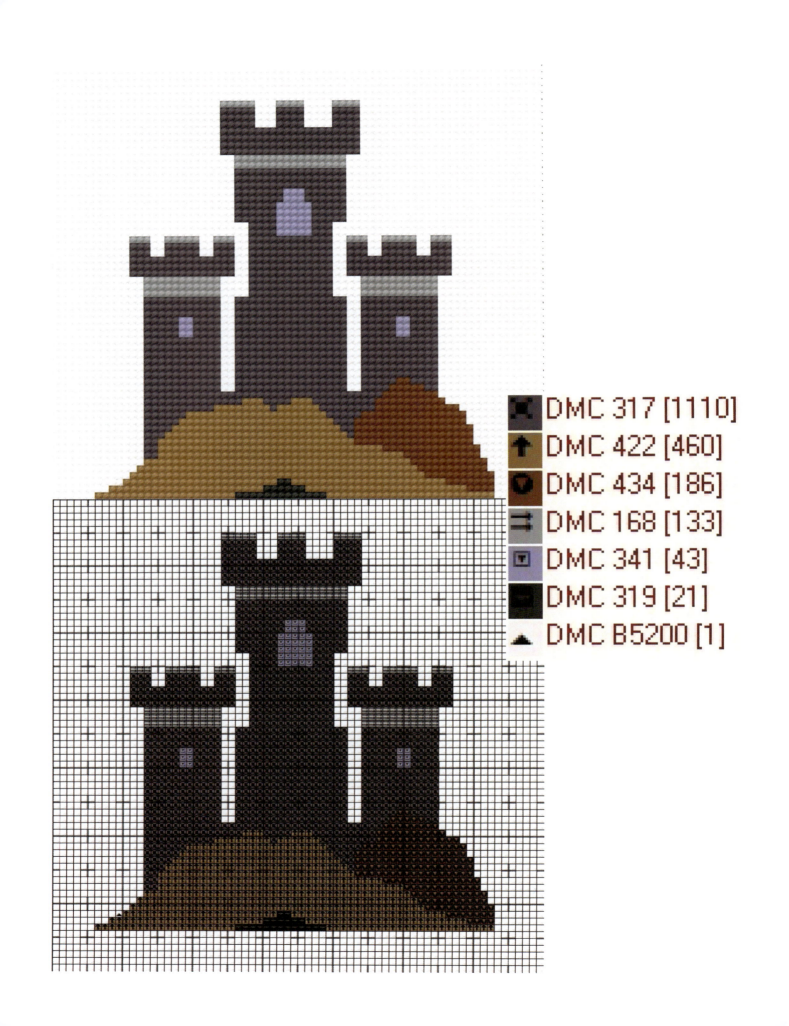

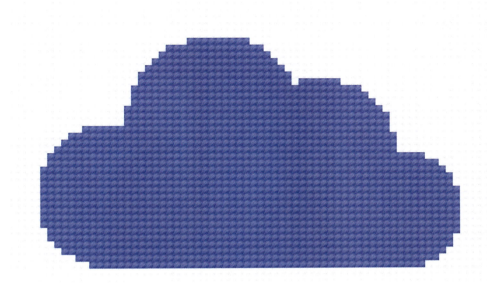

DMC 3843 [1505]

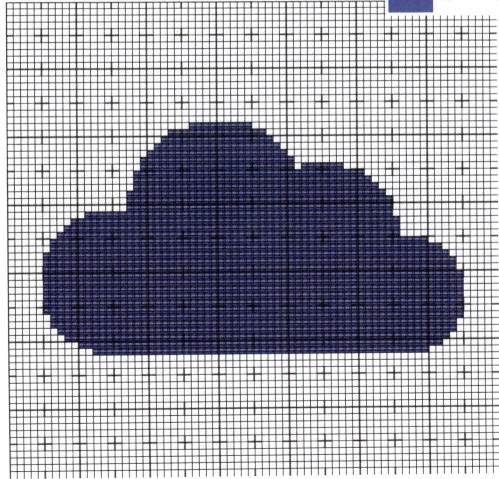

DMC 368 [992]

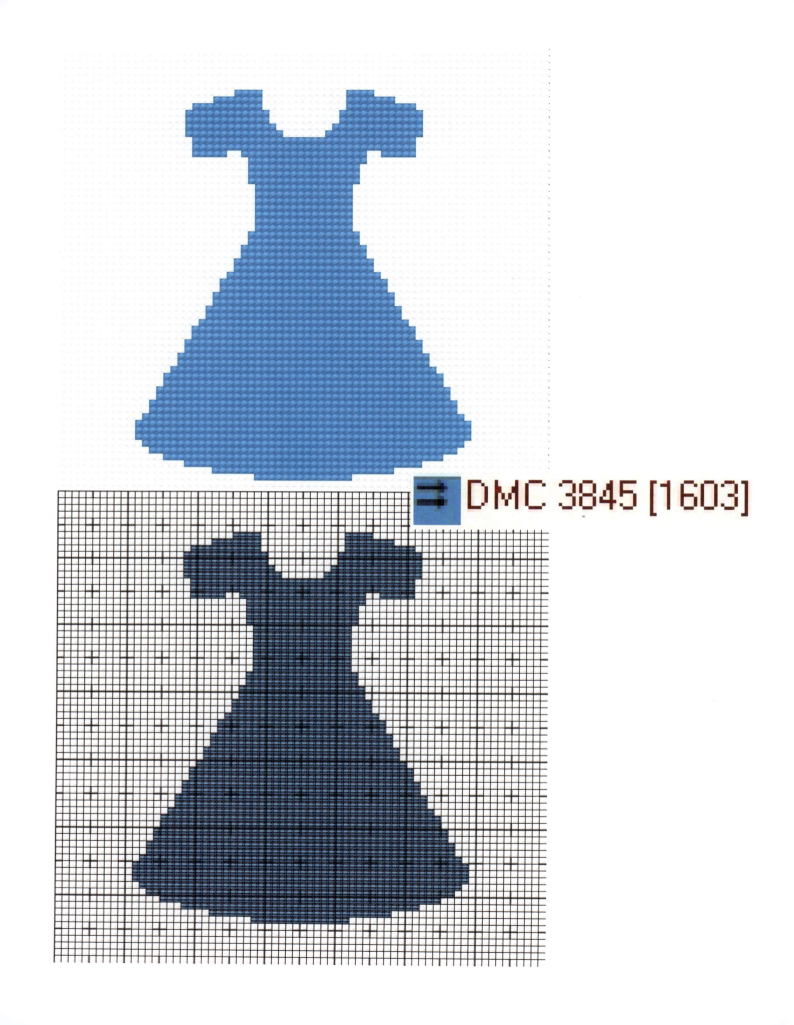

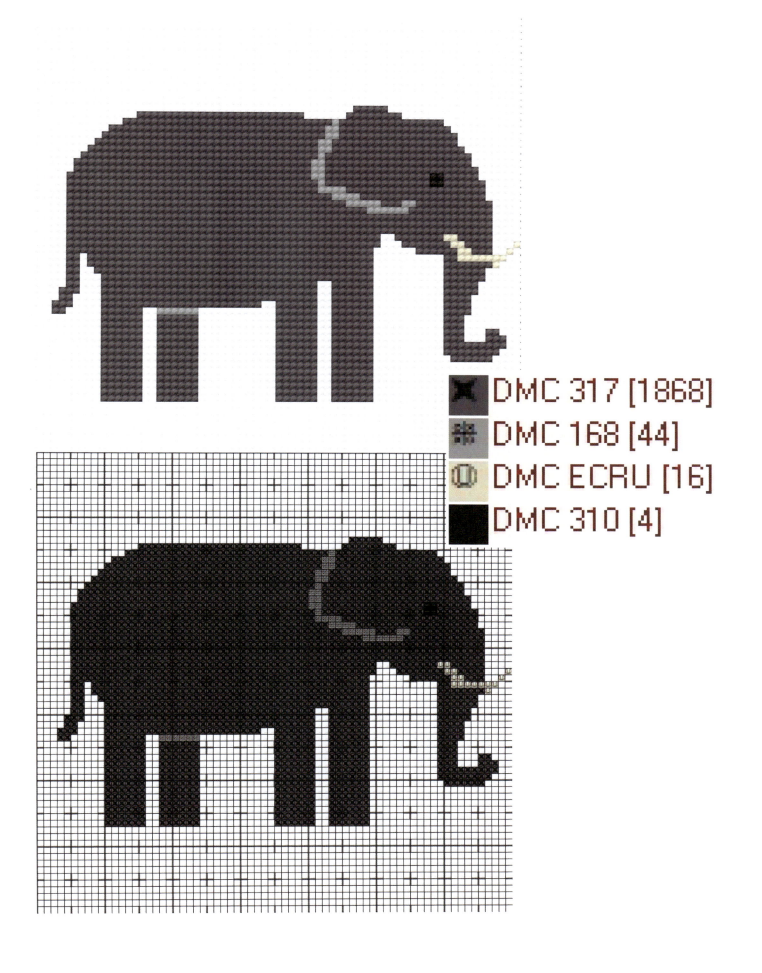

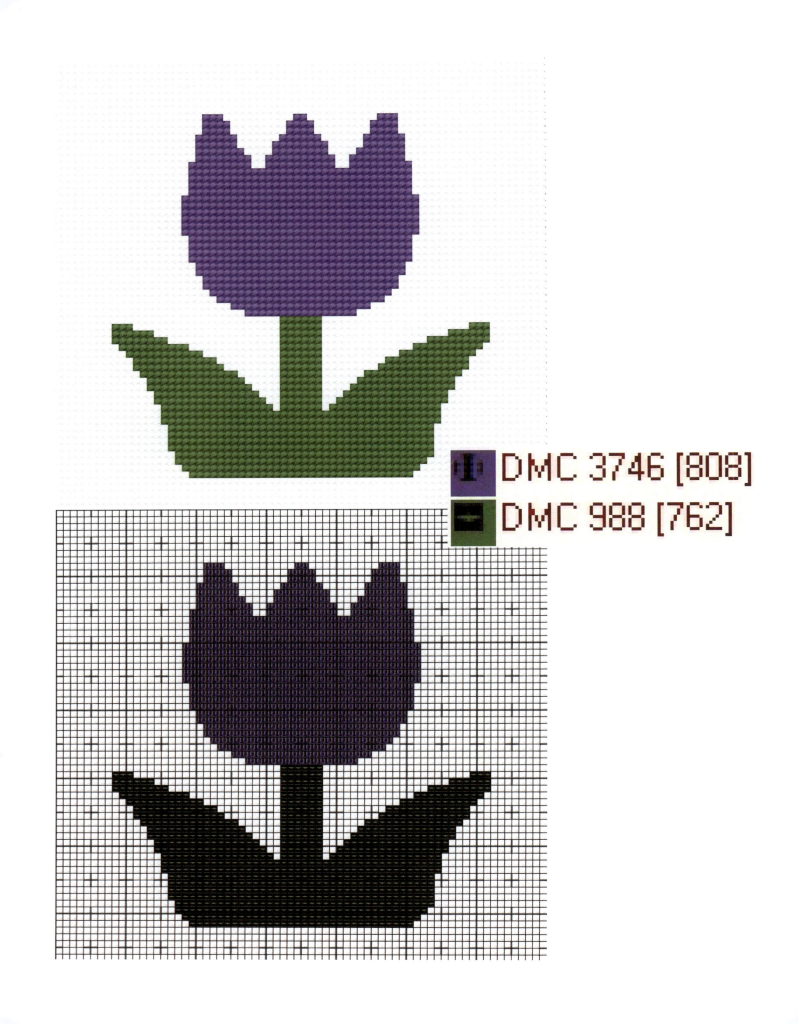

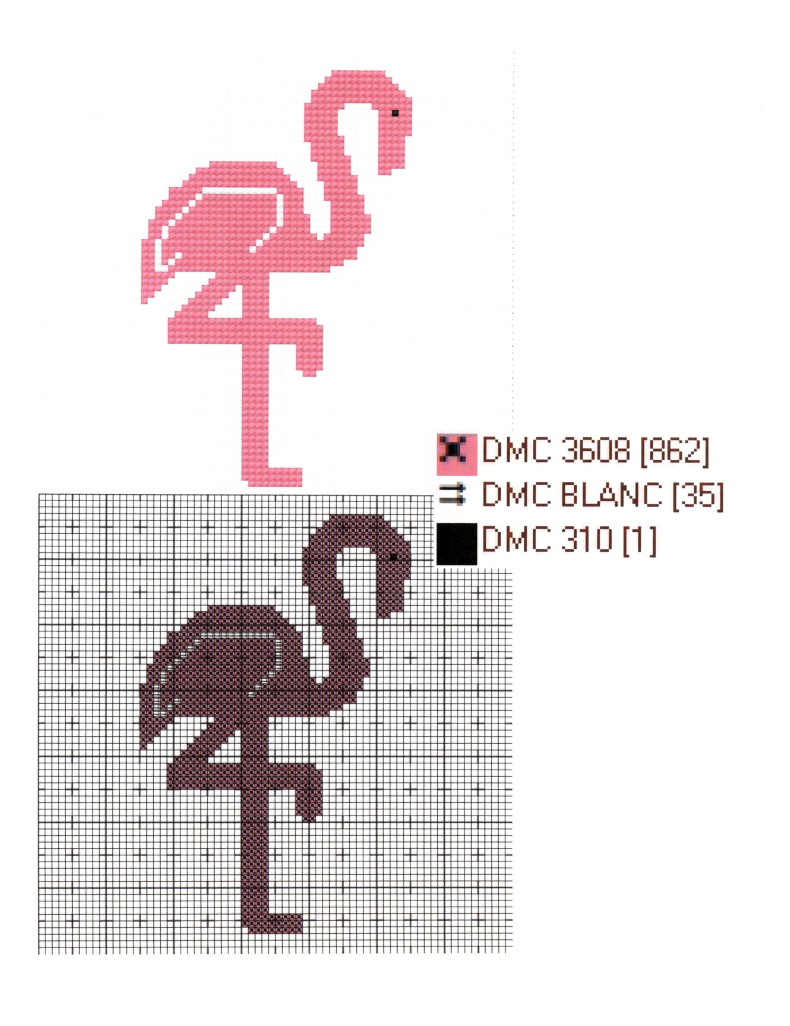

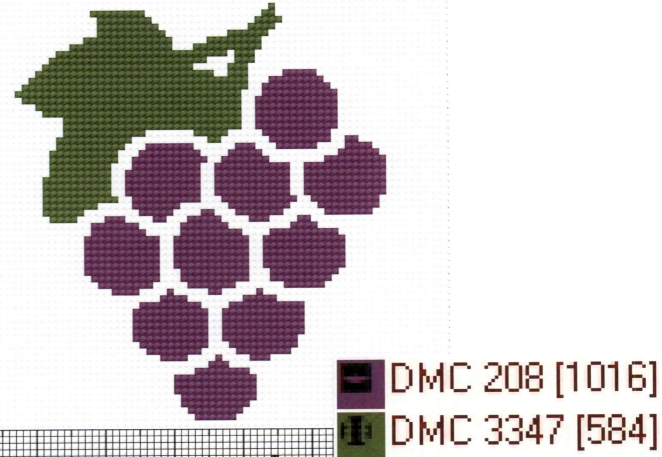

DMC 208 [1016]
DMC 3347 [584]

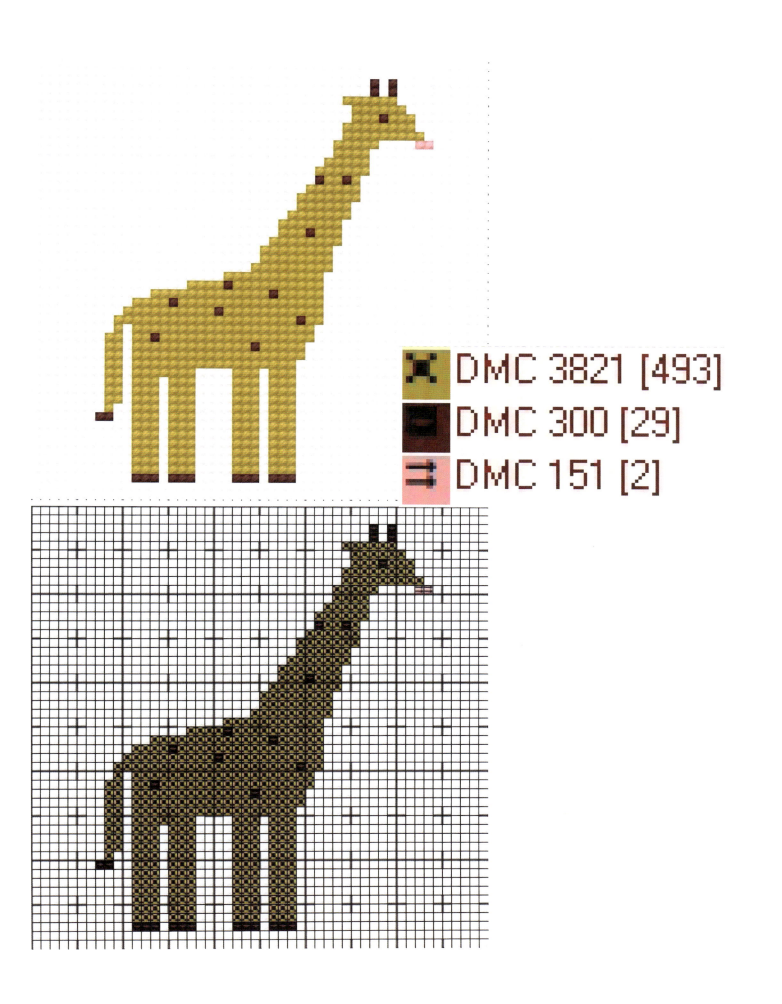

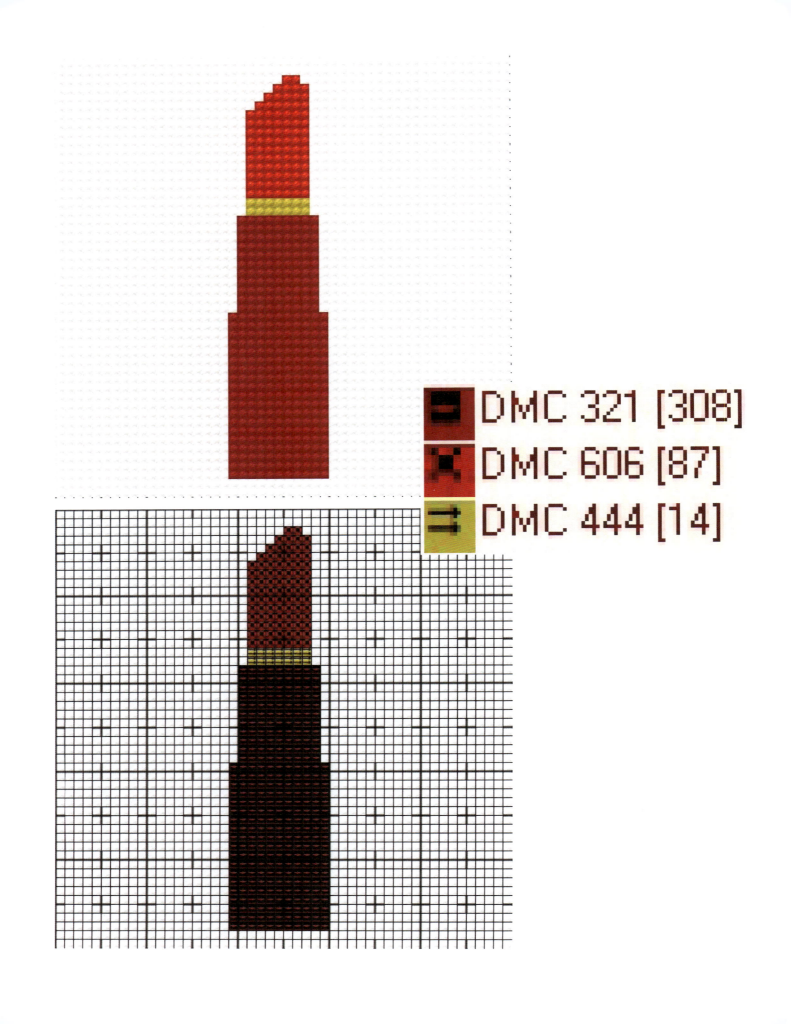

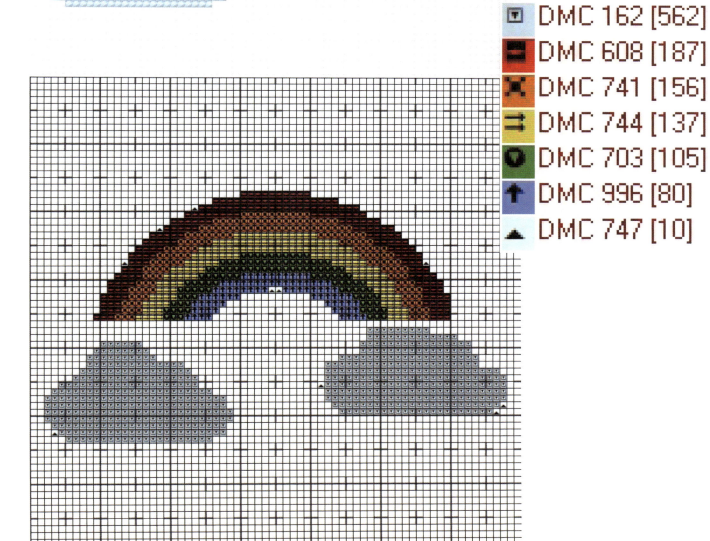

▣	DMC 162 [562]
■	DMC 608 [187]
✖	DMC 741 [156]
⇌	DMC 744 [137]
◐	DMC 703 [105]
↑	DMC 996 [80]
▲	DMC 747 [10]

■ DMC 310 [1688]

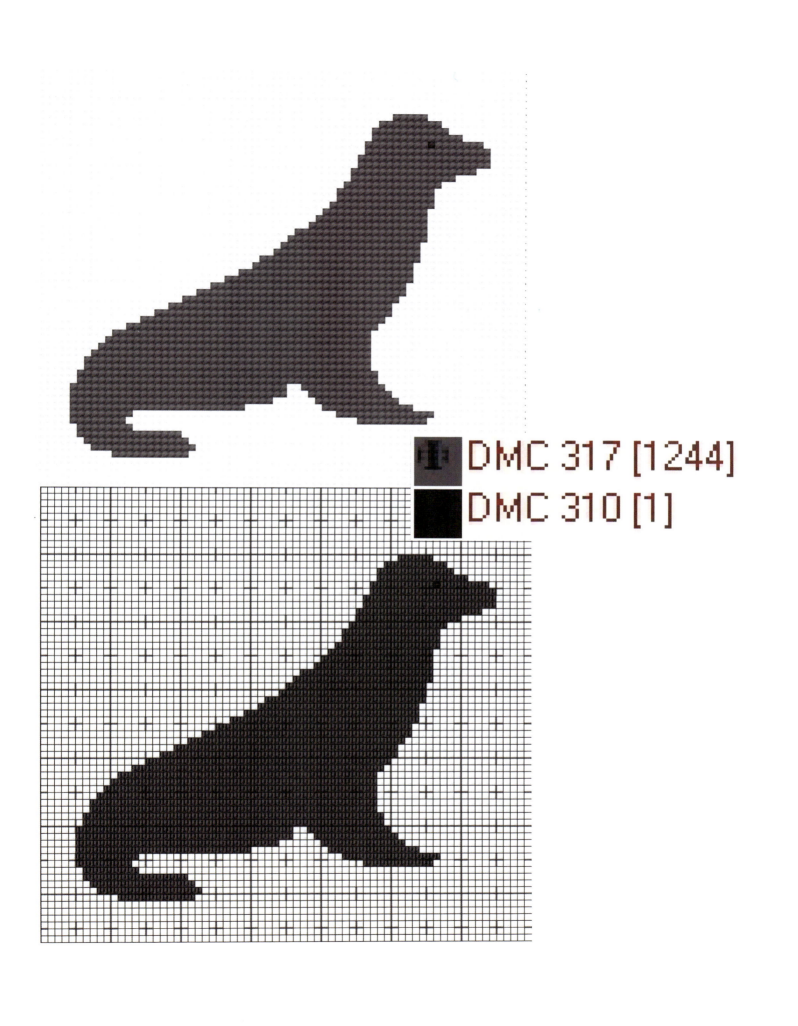

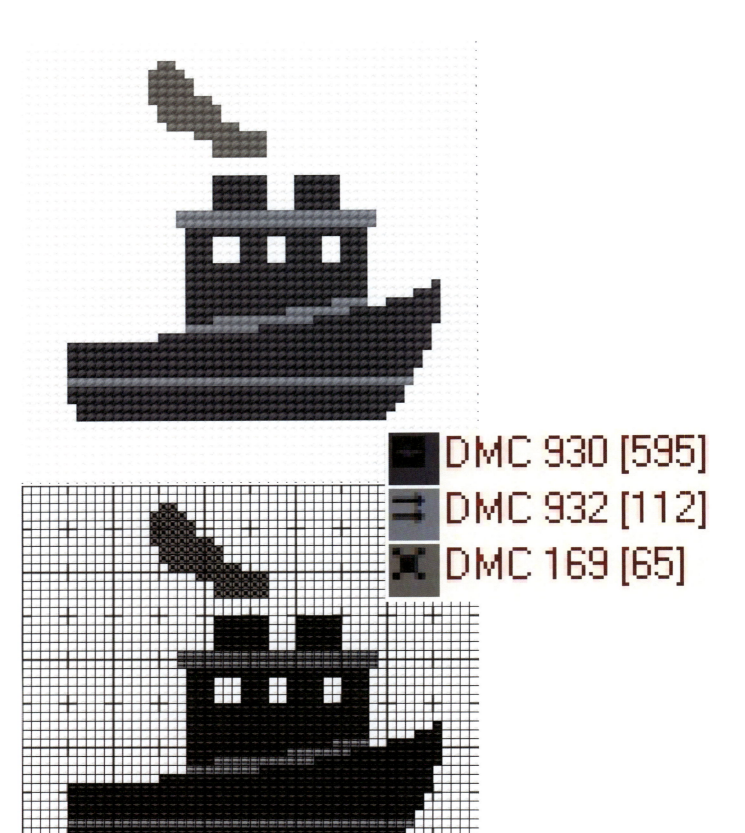

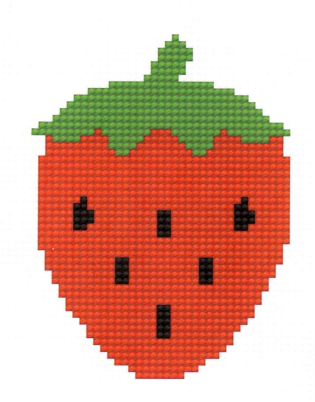

	DMC 608 [979]
	DMC 907 [274]
	DMC 310 [56]

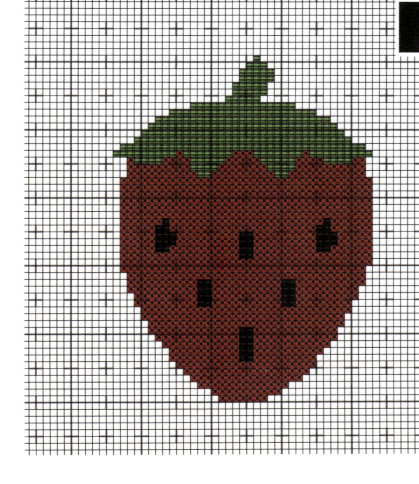

■ DMC 608 [496]

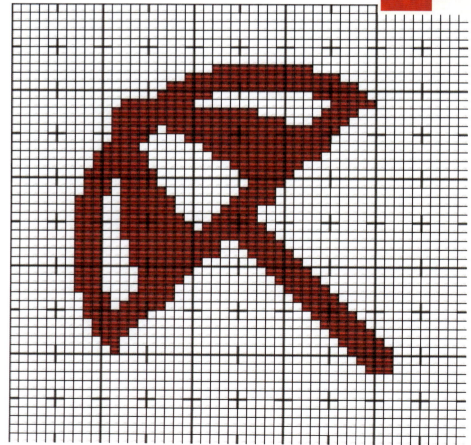

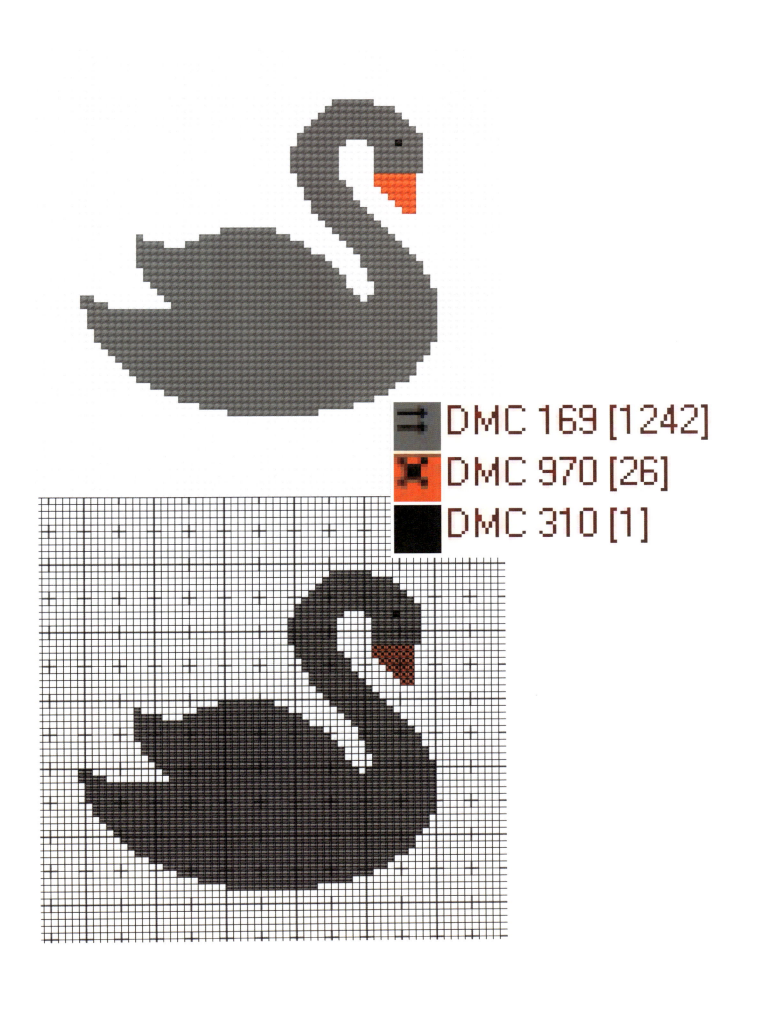

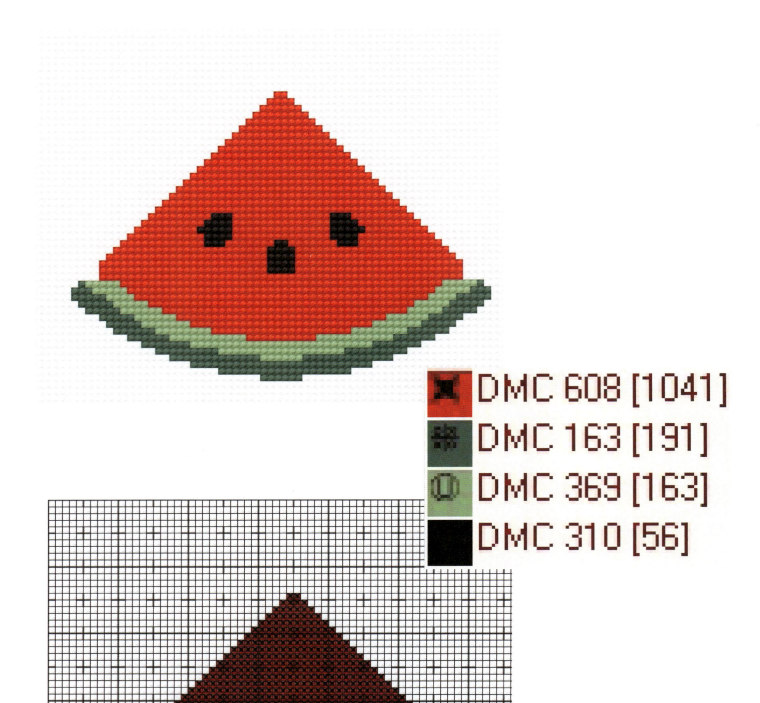

THANK YOU FOR BUYNG THIS CROSS STITCH BOOK

More cross stitch patterns:

If you enjoyed this book, and learnt from it too, why not then go online to write a sweet review!

Emma Kidman